顯微世界

微生物學之父
安東尼·范·雷文霍克的故事

文 蘿瑞·亞歷山大　　　　圖 薇薇安·米丹柏格
譯 齊若蘭

Exploring 006

顯微世界：微生物學之父安東尼・范・雷文霍克的故事
All in a Drop：How Antony Van Leeuwenhoek Discovered an Invisible World

文｜蘿瑞・亞歷山大 Lori Alexander
圖｜薇薇安・米丹柏格 Vivien Mildenberger
譯｜齊若蘭

字畝文化創意有限公司
社　　長｜馮季眉
責任編輯｜陳曉慈
編　　輯｜戴鈺娟、徐子茹
美術設計｜盧美瑾

讀書共和國出版集團
社長｜郭重興　發行人兼出版總監｜曾大福
業務平臺總經理｜李雪麗　業務平臺副總經理｜李復民
實體通路協理｜林詩富　網路暨海外通路協理｜張鑫峰　特販通路協理｜陳綺瑩
印務協理｜江域平　印務主任｜李孟儒

發　　行｜遠足文化事業股份有限公司
地　　址｜231 新北市新店區民權路108-2號9樓
電　　話｜(02)2218-1417
傳　　真｜(02)8667-1065
電子信箱｜service@bookrep.com.tw
網　　址｜www.bookrep.com.tw

法律顧問｜華洋法律事務所　蘇文生律師
印　　製｜凱林彩印股份有限公司

2021年8月　初版一刷
定　　價｜350元
書　　號｜XBER0006
ISBN 978-986-0784-12-1

國家圖書館出版品預行編目（CIP）資料

微物世界：安東尼.范.雷文霍克的故事／蘿瑞.亞歷山大作；薇薇安.米丹柏格繪；齊若
蘭譯. -- 初版. -- 新北市：遠足文化事業股份有限公司，字畝文化，2021.08 面；公分
譯自：All in a drop : how Antony van Leeuwenhoek discovered an invisible world
ISBN 978-986-0784-12-1（精裝）
1.雷文霍克(Leeuwenhoek, Antoni van, 1632-1723)　2.傳記　3.微生物學
784.728　　　110008507

目　次

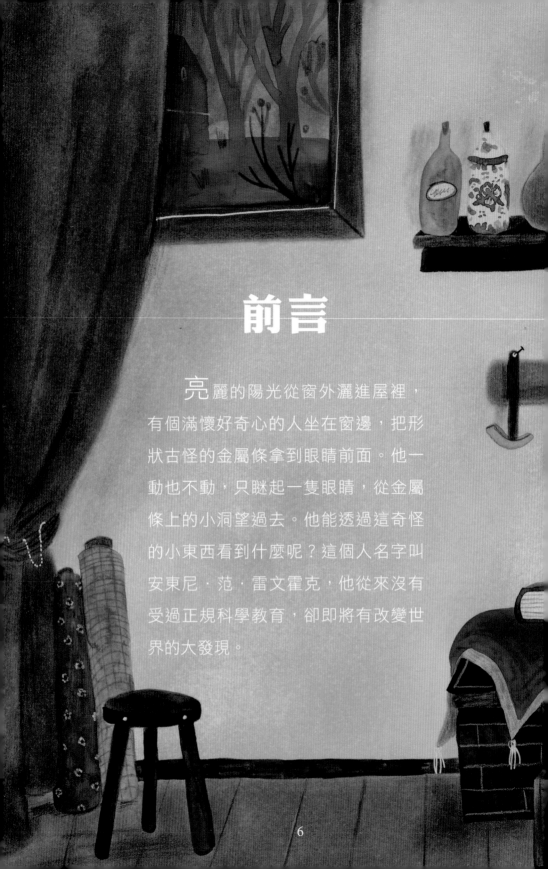

前言

亮麗的陽光從窗外灑進屋裡，有個滿懷好奇心的人坐在窗邊，把形狀古怪的金屬條拿到眼睛前面。他一動也不動，只瞇起一隻眼睛，從金屬條上的小洞望過去。他能透過這奇怪的小東西看到什麼呢？這個人名字叫安東尼·范·雷文霍克，他從來沒有受過正規科學教育，卻即將有改變世界的大發現。

這小小生物是如此完美，
令人嘆為觀止。

第一章
黃金年代

從前，有個叫安東尼的小男孩住在繁華的城市裡。城裡水道縱橫，街上商販叫賣聲此起彼落，大聲吼著：**鮮魚！家具！磁磚！掛毯！** 真是好不熱鬧。這裡是荷蘭的臺夫特市，運河兩旁樹木林立。安東尼摘下一把樹葉，用嫩葉餵他飼養的蠶寶寶。蠶寶寶津津有味的啃著嫩葉，把嫩葉全都吃光光。安東尼很仔細的觀察蠶寶寶，牠們嘴裡是不是長了小小的牙齒？他看到有隻蠶在吐絲織繭，織繭用的細絲究竟是從哪裡來的呢？安東尼肉眼看不見的東西實在太多了。不過他現在可沒空觀察和疑惑，因為爸爸在叫他了。

　　安東尼的父親是製造籃子的商人。他賣的籐籃、
籐簍很堅固，可以用來裝盤子或其他易碎商品，運上貨
船，賣到其他國家。這些大貨船有的往東，有的往西，
一路航行到遙遠的非洲、印度、日本、加勒比海群島、
和北美洲的港口。貨船載著各種商品，包括香料、糖、
絲綢、咖啡、茶、銀器、象牙等。

　　1630年代末，荷蘭擁有全世界最大的船隊，那是商
人賺大錢的時代，由於獲利太過豐厚，荷蘭人後來稱這
段時期為「黃金年代」。

　安東尼的外公是個很受尊敬的釀酒師傅，安東尼的母親也知道如何釀出美味的啤酒，臺夫特市民相信，幾杯啤酒下肚，能常保健康快樂。當臺夫特的水質受到工業污染時，大人小孩都會改喝低酒精含量的啤酒。也許，安東尼未來會學習釀酒，延續家族傳統。可以確定的是：他終將學會一技之長，就像他父母那樣。

　安東尼把自己養的蠶寶寶賣給市場的絹紡商，他們會把蠶繭紡成細紗。這筆買賣讓安東尼小賺一筆，小小年紀的他已經很有生意頭腦了。

第二章
巨大變故

　　安東尼年紀很小的時候，父親就突然過世了，母親必須獨力撫養安東尼和他的四個姊姊。

　　沒多久，母親再婚，但第二任丈夫的家裡又小又擠，於是她想到一個辦法：讓八歲大的安東尼去供吃供住的寄宿學校上學。那所寄宿學校在另一個城市，距離臺夫特有十五英里遠。

　　安東尼只受過基本學校教育。他會一點數學，也會用自己國家的文字（荷蘭文）讀和寫。他不曾學過科學，也沒學過英文、拉丁文等外語。他不需要學這些，因為沒有人期望他日後成為哲學家或偉大的思想家。他只要和父母一樣，長大後當個平凡的商人就好。

北海

*阿姆斯特丹

*臺夫特

荷蘭

德國

比利時

　　十四歲時，安東尼結束了學校教育，搬去和叔叔一起住。他的叔叔是一名律師，住在離臺夫特九英里遠的本特赫伊曾市。叔叔答應安東尼的母親，要協助安東尼學會一技之長。安東尼對法律以及叔叔在政府部門的工作都興趣缺缺，但叔叔仍履行他的諾言，把安東尼送去阿姆斯特丹一家麻布店接受訓練。

　　阿姆斯特丹真的好大啊！安東尼讚嘆不
已。這裡比他的家鄉多了十萬人，住了許多來自
法國、西班牙、葡萄牙的移民。他們的祖國會告訴
他們應該信奉哪個宗教，但來到荷蘭後，他們在宗
教與政治上都擁有更大的自由。只要肯努力工作，荷
蘭就歡迎他們。阿姆斯特丹建設不斷：建築物變得更
高，運河變得更寬，四處不斷冒出新房子。安東尼喜歡
逛書店、藥房、鞋店、麵包店，還有賣地圖和各種航海
儀器的商店，欣賞巡迴樂手的街頭演奏。在大城市的喧
囂騷動中，他展開了學徒訓練。

15

接下來的六年，安東尼一直擔任麻布商學徒。他學會招呼客人，當個好店員；學會處理金錢，當個好出納；也學會下訂單和支付帳款。最後，安東尼終於準備就緒，可以自己開店了。這時候他已經厭倦了大城市的生活。

　　1654年，二十二歲的安東尼搬回臺夫特。他用外公的遺產加上向屋主借的一點錢，買了一棟房子當住家和店面。他既不編織籐籃，也不釀啤酒。安東尼成為了一個布商。

早熟的孩子

在十七世紀的荷蘭和其他許多地方，大多數孩童十四歲時就已經被當大人看待。他們滿十歲時，就會結束基本的學校教育。之後男孩通常會學習父親的行業，或被送去和親戚同住，跟在叔伯表親身邊當學徒。唯有最富裕的家庭，才會送家中男孩去讀大學，繼續接受高等教育。他們學習拉丁文或其他外文，還有哲學、數學、物理學、天文學和其他先進科學，大學畢業後成為律師、醫生、工程師或政府官員。

女孩的教育則各不相同，視父母的態度而定。有的父母希望女兒受更好的教育，多學一種外國語言。但大多數的荷蘭女孩，都只受過拼字、閱讀、書寫和數學等基本教育（她們的教育水準已經比其他地方的女孩高多了）。她們主要待在家裡，學習家務及育兒技巧，準備日後當個賢妻良母，也有些女生會協助丈夫打理家族生意。

第三章
布料商人

　　安東尼的店裡擺滿羊毛織品、閃閃發亮的絲綢、簇新光潔的軟緞、漂得白白的亞麻布。這些布料有各種各樣的用途：可以拿來裁製衣服、枕頭套、床單、餐巾、桌布、窗簾，也可當家具布用。架子上還陳列著各種鈕扣和緞帶。

　　安東尼想販售品質好的布料，他會拿著一小片布樣仔細檢查：纖維是否強韌堅

固、線條筆直？儘管他視力很好，仍然很難看清那些小小的細線。怎麼樣才知道自己的布料是不是品質最佳的呢？安東尼和其他布商一樣，必須仰賴透鏡（經過特殊切割的玻璃片）才能看得仔細。

　　透過圓圓的放大鏡檢查布料，他看到什麼呢？他看到毛茸茸的纖維縱橫交錯，看起來彷彿粗繩，而非細線。有了放大鏡，安東尼可以研究布料的纖維，計算紗織數（小塊布樣的經紗和緯紗數量），以判斷布料品質的優劣。布料的紗織數愈高，質地就愈柔軟，品質也愈佳。如今，安東尼可以確定，他賣的布料是一等一的優質布料。

太神奇了！

不同的透鏡

透鏡*是鏡面有弧度的透明玻璃或塑膠曲鏡。透鏡的形狀決定光線如何折射。有兩種基本的透鏡：

凸透鏡會向外凸，鏡片的中央較厚，邊緣較薄，像扁豆的形狀。這種透鏡會將光線聚集在一點上，放大鏡就是利用凸透鏡製作而成。

凹透鏡會向內凹，鏡片的中央較薄，邊緣較厚，像碗一樣能做成手電筒，將光線擴散出去。

在安東尼的時代，透鏡是相當新的發明，最常見的應用是把透鏡放在金屬框中，變成眼鏡，幫助視力不好的人看得更清楚。1590年代，有人在金屬或木製的管中放入不同的透鏡，製成早期的望遠鏡和顯微鏡。望遠鏡能幫助我們將遠方景象拉近，顯微鏡則將微小的物件放大。兩種儀器剛發明的時候，功能都不算太厲害，只能把原始物件放大三到九倍。但隨著愈來愈多人開始試驗不同形式、功能的透鏡，兩種儀器也改進不少。

*透鏡的英文lens最初源自拉丁文lentil（扁豆），因為凸透鏡的形狀跟扁豆很像。

第四章
大開眼界的旅程

　　1668年，三十六歲的安東尼放下繁忙的店務，休了個他迫切需要的長假。他搭船到英國倫敦，也許是去拜訪布商朋友，也許只是四處遊覽。安東尼從船上遠眺，看到高聳的白色峭壁，彷彿用粉筆堆砌成的。他好奇心大發，一上岸，就迫不及待步行到峭壁旁，刮下一小片樣本。他把採樣剝開時，發現裡面的小碎片是透明的，唯有當他把小碎片疊起來時，才會呈現白色。

　　安東尼在倫敦時，曾聽別人談起一個叫羅伯特‧虎克的英國科學家，虎克會用透鏡觀察布料、植物和昆蟲，還把他使用的透鏡裝在叫「顯微鏡」的儀器中。他將觀察到的現象寫成暢銷書《微物圖誌》，成為當時街談巷議的熱門話題。安東尼看不懂用英文寫的《微物圖誌》，因為他只會讀荷蘭文，但是書中的圖片令他著迷。有的圖片可以像地圖摺頁般攤開來，上面畫著像貓那麼大的跳蚤、翅膀纖細柔軟的白蛾、還有如士兵

般隨時準備戰鬥的蝨子。即使只是像縫衣針的針尖、軟木塞、罌粟種子這類尋常物品，放大圖片呈現的種種細微特徵，仍令他覺得不可思議、驚嘆不已！

透過顯微鏡，還可以發現什麼樣的隱祕世界呢？回家以後，安東尼決心打造自己的顯微鏡。他不曾在學校學習如何當科學家或發明家，但他很想知道，有沒有辦法憑一己之力，做出比放大鏡更厲害的顯微鏡？

首先，需要找到一小片玻璃，破鏡的碎片應該可以拿來用。但碎鏡片的形狀不是他想要的，他必須把鏡片磨得圓一點才行。

於是安東尼把玻璃鏡片黏在棍子末端。他把有球形凹洞的金屬板拿來當做打磨鏡片的模具，撒一些沙子到

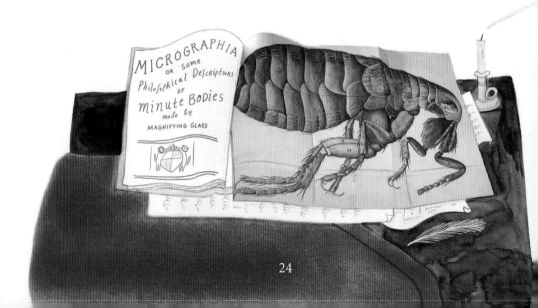

模具中，再把黏在棍尖的玻璃片放入模具中轉來轉去，
直到粗沙將玻璃片的粗糙邊緣磨得愈來愈平滑。

　　他不斷重複這個步驟，用愈來愈細的沙子打磨玻
璃片。透鏡終於逐漸成形！但安東尼的工作還沒結束。
他把一小塊毛氈放進模具裡，撒了少量拋光粉，然後再
度轉動小小的玻璃珠。小小力就好，他不想改變玻璃珠
的形狀，只想消除透鏡表面的瑕疵。過程中必須反覆試
驗，從嘗試中修正錯誤。

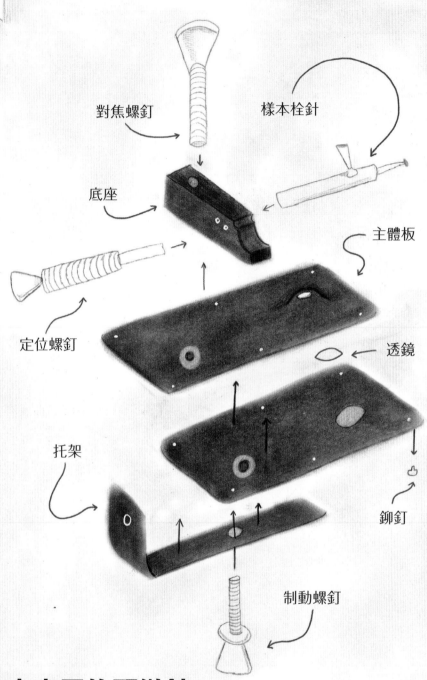

對焦螺釘

樣本栓針

底座

主體板

定位螺釘

透鏡

托架

鉚釘

制動螺釘

安東尼的顯微鏡

安東尼把豆子大小的透鏡擺在兩片小小的長方形銅片之間，每個銅片上面都鑿了小洞，好用鉚釘把銅片鎖緊。他接著製作一個放樣本的底座，同時設計對焦機制，這樣看到的樣本才不會模糊不清。這些設計需要花費許多時間。

他用腳踏式動力車床製造自己的螺絲釘。有時候螺釘會彎曲或斷掉，安東尼必須不斷反覆試驗。幾星期後，他終於打造出一套螺釘，可以用來控制透鏡前面的樣本栓針。他用栓針固定他的第一個觀察樣本——一小片發霉的麵包。

他拉開窗戶捲簾，讓陽光灑進整個屋子。他把這金屬小東西拿到眼前，轉動螺釘，上下左右移動樣本，時近時遠反覆嘗試對焦。最後，他終於對好焦距。

安東尼看到了什麼呢？**小小的黴菌孢子**，就像是虎克在《微物圖誌》中記載的一樣。但令他訝異的是，他的黴菌看起來比書上的圖片大得多，也清楚得多。安東尼還不知道，經過孜孜不倦的努力，他已經打造出全世界最好的顯微鏡了。

接下來安東尼還想觀察什麼呢？他觀察**蜜蜂的眼睛和刺**，還觀察**蝨子的腿**。他從這些小動物身上看到驚人的細節。

蜜蜂的刺

羊毛纖維

蜜蜂眼睛

蝨子的腿

第五章
把消息傳出去

這些發現讓安東尼大感振奮，他把其中一些發現，拿給當醫生的朋友雷尼爾·德·葛拉夫看，雷尼爾也十分讚嘆，鼓勵安東尼和倫敦皇家學會分享他的發現。

皇家學會是受英國政府資助的團體，專門蒐集各種資訊，促進人類對大自然的了解。虎克的《微物圖誌》也是由皇家學會出版。安東尼和雷尼爾各寫了一封信給皇家學會。安東尼描述他觀察到的**黴菌**、**蜜蜂**和**蝨子**，雷尼爾則在信中介紹安東尼：「我想藉此信告知各位，有一位聰穎過人的發明家……他設計的顯微鏡已遠遠超越目前我們見過的所有顯微鏡。」

安東尼靜靜等待皇家學會的回信。他有點擔心，因為他不像其他科學家那樣精通英文和拉丁文，也沒上過大學，或許他的信讀起來太過簡單，顯得他不夠聰明。也許他會觸怒虎克，虎克也是皇家學會的會員。也許他應該繼續安分的賣布。

結果皇家學會讀到他的信，果然充滿懷疑。這個

叫安東尼・雷文霍克的，到底是什麼人啊？一個賣布的為什麼會需要用到顯微鏡？他為什麼用荷蘭文寫信給我們？他的信怎麼扯來扯去、沒完沒了？儘管安東尼「在科學和語言方面知識貧乏」，但他們確實很欣賞他對大自然「極其強烈的好奇心」。皇家學會深思熟慮後，認為安東尼對黴菌、蜜蜂、蝨子的觀察蘊含豐富資訊，提供了虎克的顯微鏡未能觀察到的細節。於是，他們回信給安東尼。

　　皇家學會的回信是用英文寫的，安東尼必須請朋友把信翻譯成荷蘭文。但這封信捎來好消息！皇家學會很佩服安東尼的發現。更棒的是，他們希望安東尼每次有新發現時，都寫信給他們，他的研究成果會和其他科學論文一起刊登在期刊上。

自然科學會報

自然科學會報是世界上最古老的科學期刊，由皇家學會在1665年發行，至今仍然每月出刊。安東尼寫給皇家學會的第一封信，和之後的一百多封信，都刊登在這本期刊上。

雖然皇家學會並沒有支付安東尼研究費用，但他仍滿心歡喜，渴望揭開更多大自然的奧祕。他把先前的觀察樣本（黴菌、蜜蜂和蝨子）留在原本的顯微鏡上，因為這些樣本已經黏得好好的，也已經調整好焦距，他以後或許會再次觀察它們。

　　安東尼為新的研究工作打造了新的顯微鏡。他觀察各種不同的東西：**咖啡豆、樹木年輪、蒼蠅腳、蝸牛牙齒、蠶的吐絲器**（他終於知道蠶絲是從哪裡來的了）。安東尼對**眼珠子**特別著迷。他觀察蒼蠅、魚、鳥、貓、狗、兔子、羊、豬和牛的眼珠。

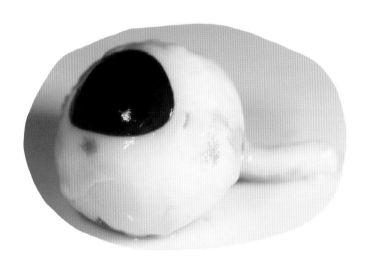

豬的眼珠子。豬眼的水分蒸發後，安東尼會用刮鬍刀將眼珠切片，放在顯微鏡下觀察。

安東尼僱用畫家畫出他的觀察結果，然後把圖附在信中，一起寄給皇家學會。

　　安東尼的科學觀察嚴謹精確，技巧愈來愈純熟，每次的新發現也令他愈來愈興奮。然而，他最偉大的發現此時才正要來到。

眼見為憑

在安東尼的時代，相片和影片都尚未出現，要等到一百五十年後才有人發明。現今的科學家會用照片和影片分享大大小小的發現，例如行星、銀河系、分子、原子，而安東尼當時只能以繪圖記錄。

有時候，他會自己畫簡單的素描，但安東尼覺得自己畫得不好，所以大都請當地的製圖員或畫家來描繪顯微鏡下的景象。他們通常用紅色粉筆或墨水筆繪圖。不過，就算已經畫出詳細的圖，安東尼仍然很難說服別人相信他的發現。

第六章
小湖泊，大發現

　　1674年一個暖和的夏日，安東尼出門尋找觀察樣本。附近的湖水看起來又綠又混濁，令安東尼十分好奇。於是他走進水裡，走到一團團膨鬆的綠色東西旁邊，採集了幾滴水。回到工作室以後，他打造了一具新的顯微鏡，把玻璃管中的湖水放到顯微鏡下觀察。結果安東尼看到什麼呢？

他看到**小蛇般、比頭髮還細的綠色線條，有的捲曲成螺旋形，有的則有圓圓的頭、長長的尾巴**。這些小東西像鰻魚般在水裡橫衝直撞，扭動身軀，輕快舞動。

　　安東尼簡直不敢相信自己的眼睛。這些綠色東西會動，是活生生的小生物！安東尼從來沒見過這麼小的生物，根本沒人見過！

　　「肉眼看見的，就是世上存在的一切」，這是至今為止大家都深信不疑的。難道肉眼看不見的地方，還有另一個隱祕世界嗎？

安東尼腦中充滿困惑，盤旋不去：這是什麼生物？從哪裡來的？數量有多少？活了多久？他稱牠們為小生物*。安東尼想了解有關小生物的一切，所以他採集各種**水**樣本：包括湖水、運河水、海水，雨水和融化的雪水，從井裡汲取的飲用水，甚至是加了胡椒、薑、蒜、肉荳蔻粉等香料的水。他觀察一個又一個試管，試管中的水裡看起來什麼都沒有，但在顯微鏡下卻充滿生命！

這一滴水，看似什麼都沒有，卻什麼都有。

安東尼驚嘆不已，他把整顆或壓碎的胡椒粒放進水中，製成胡椒水，並發現胡椒水中有最多生物。

仔細觀察這些小生物後，他在筆記本中這樣形容：**「非常美麗的景象。」**他思索、計算、測量，並猜想，就算把上百萬隻這樣的小生物擠壓在一起，大概也只有一粒沙的大小。

他花了一年時間，持續研究各種水樣本。最後，他寄了一封長達十七頁的信給皇家學會，信中詳細描述了這些不可思議的發現。這次，皇家學會的回應和過去大不相同。

*diert-gens，在荷蘭文中，dier是「生物」，gen是「小」

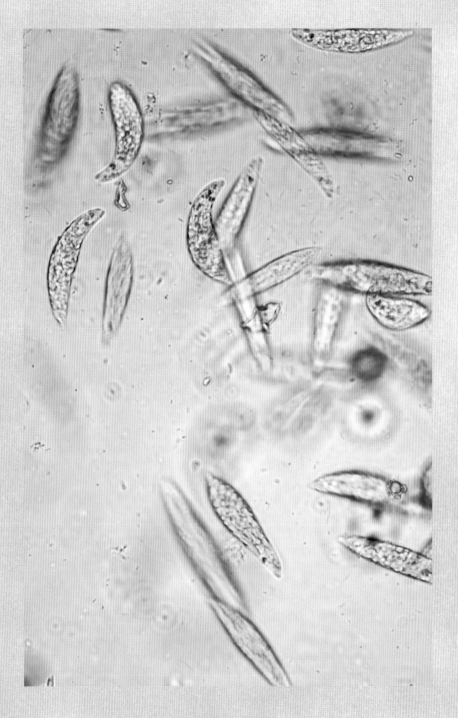

湖水中的小生物

第七章

最重要的一封信

皇家學會不相信安東尼。他們嘲笑他，認為水中的小生物純粹是安東尼自己的幻想。要說服他們，勢必得讓這群科學家親眼見到水中的小生物。他們需要了解安東尼**怎麼**發現這些生物，以及他**怎麼**做出他的顯微鏡。

但安東尼拒絕透露他的研究方法。他怎麼做出顯微鏡？這是他的最高機密。於是，安東尼寄出更多信，說明臺夫特的市民確實能看到他所描述的小生物，包括宗教界領袖、律師、醫生、醫學院學生、旅店老闆，都在信上簽名作證，發誓他們都看見了。

·羅伯特·虎克

但皇家學會依然不信。因為當倫敦科學家用自己的顯微鏡做實驗，觀察自己採集的水樣本時，就是看不到安東尼說的什麼小生物。皇家學會的科學家不想長途跋涉，遠赴臺夫特求證，於是他們找了《微物圖誌》的作者虎克來釐清真相。虎克當時擔任皇家學會的實驗總監，大部分時間都在設計實驗，也與其他科學家討論交流。

雖然虎克有在進行一些研究，卻已經多年沒有使用顯微鏡。他拿出積滿灰塵的老舊顯微鏡，接受這份挑戰！

安東尼沒有提供什麼資訊，所以別人很難重複他做過的實驗，不過虎克曉得安東尼把胡椒水裝在薄試管中觀察。於是，他把胡椒粒壓碎後放進水中，浸泡兩天，再放到顯微鏡下，但根本沒看到有什麼小生物。

他決定再試一次。這次，他把整顆胡椒粒泡在雨水中十天，然後倒進他手邊最小最薄的玻璃試管，採用最精良的顯微鏡觀察，終於看到**小生物在水中游來游去！**

虎克在會議中報告他的發現，科學家們紛紛排隊，輪流用顯微鏡觀察這些小生物。他們在會議紀錄中寫道：「再也毋須懷疑了。」在安東尼寄信報告他的發現一年多後，皇家學會終於相信他了。

安東尼的名聲漸漸改變，如今，大家不再那麼介意他缺乏正統教育，他的研究早已說明一切。1680年，安東尼成為英國皇家學會的會員，唯有世界上最受尊崇的科學家才能躋身這個行列。

安東尼很高興，寫信表達他的感激之情，承諾必將全力以赴，不辜負這份殊榮。然而他沒有遠赴倫敦，在正式文件簽下自己的名字，也從來不曾參加會議，因為他還有更重要的事要做。

比最好還要好

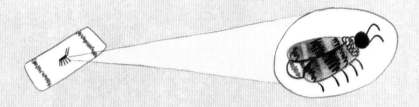

為什麼安東尼能看到世上沒有人看過的東西？最有可能的原因是，他設計的顯微鏡與眾不同。安東尼採用的單鏡片設計，效果非常好。相反的，虎克的許多顯微鏡都採用複式鏡片設計，把好幾個鏡片堆疊在一起。多個鏡片會強化放大效果，但也容易讓觀察景象失真，降低清晰度。

鏡片愈大，問題愈明顯，而安東尼用的透鏡體積非常小，有的甚至跟大頭針的針頭一樣小，是非常凸的凸透鏡，幾乎接近球形，這樣才能發揮最大的放大效果。

安東尼的某些顯微鏡，至今依然被人珍藏，其中最厲害的能將物體放大兩百六十六倍，比虎克在《微物圖誌》中使用的顯微鏡厲害五到十倍。

第八章
以科學之名

　　儘管已經受到皇家學會認可，還是有些臺夫特市民對安東尼的發現半信半疑。有人覺得那是魔法，有人說安東尼給大家看的東西根本不存在。在其他國家，像這樣公然發表或提出違背傳統觀念的看法，可能會鋃鐺入獄，或甚至被判死刑。但荷蘭人很能包容不同的想法。許多見解獨到的思想家都到荷蘭著書立說，他們的著作在自己的國家可能會遭到審查或禁止出版。在荷蘭，安東尼可以無憂無懼的工作，鄰居的懷疑，絲毫不能阻撓他的研究。

到目前為止，安東尼的研究工作純粹是觀察、檢視樣本，然後記錄看到的東西。不過他的好奇心日益滋長，準備展開一些實驗，找出某些問題的答案。他的實驗真的很瘋狂！

　　安東尼想知道昆蟲是怎麼生出來的。真的像大多數人所認為的，是從爛泥巴、腐敗的垃圾、動物屍體中蹦出來自然發生的嗎？他把兩隻蝨子放進束緊的黑襪，然後穿著襪子在屋裡走來走去。六天後，蝨子產下九十顆卵。白色的卵產在黑色襪子上，很容易計算。他繼續穿著黑襪，十天後，有二十五隻蝨子在他腿上爬來爬去，還有更多蝨子即將孵出來。

　　他因此明白，**幼蟲是與牠同種的父母創造出來的**，而不是從塵土、垃圾或其他沒有生命的物體中突然形成的。他也發現，這個實驗會讓人發癢！安東尼把黑襪脫掉，扔到窗外，換上乾淨的白襪。

　　除此之外，安東尼也想知道，院子裡的螞蟻為什麼不停搬運這麼多食物。成蟻會把所有食物吃光嗎？他把手伸進蟻丘，扒開來觀察裡面的情況，結果發現，螞蟻把食物搬到地底下並不是為了給成蟻吃，而是為幼蟻準備過冬

46

的食物。成蟻會冬眠，直到春天才開始吃東西。他也發現，被螞蟻叮咬會痛得不得了！

　　這時候已經五十一的歲安東尼，十分滿意自己健康的的笑容。他每天都把鹽抹在牙齒上，再用水漱掉，最後用布把牙齒擦乾淨。「到了我這個年紀，沒幾個人能像我這樣，前前後後的牙齒都保持得又白又亮。」然而，從鏡子的放大影像中，他注意到自己的臼齒之間有東西。

　　他把黏黏的白色物質刮下來，這到底是什麼東西呀？他用顯微鏡檢查這噁心的、黏黏的東西，發現裡面有一大堆小生物，就像在水中看到的一樣。住在他嘴巴裡的小生物可能比荷蘭總人口還多！安東尼猜測，不常潔牙的人嘴裡的小生物甚至會更多。為了檢驗自己的假設，他請一輩子從來不曾潔牙的鄰居提供樣本。

「我看到一大堆活生生的小生物，多得令人難以置信，牠們游來游去，敏捷的程度前所未見。」安東尼猜對了，不肯潔牙的人嘴裡的小生物最多（而且會有口臭！）。

安東尼的鄰居漸漸接受他古怪的行徑，每當安東尼前來敲門，請他們提供一些**耳垢、剪下來的指甲**、或**幾根頭髮**時，他們不再感到訝異。安東尼乃是以科學之名，提出這些要求。

安東尼所做的研究漸漸傳開來，變得廣為人知，這位臺夫特的布商也成為了世界名人！

48

名字的玄機

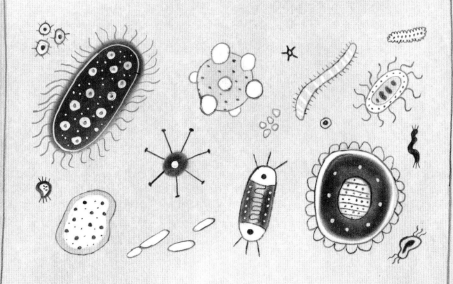

安東尼發現的小生物沒有名字，因為過去沒有人看過這些小生物。安東尼叫牠們diertgens，也就是荷蘭文的「小生物」。英國皇家學會把他的信譯成英文時，用英文字animalcule取代。直到1880年代，才改用法文字microbe。

microbe源自希臘文：mikros（小）＋bios（生命）。其實，「科學家」這個詞也是到十九世紀末才開始被頻繁使用。在那之前，大多數科學家都自稱「自然哲學家」。

第九章
最後幾封信

　　許多人不遠千里而來，都想見識安東尼的珍奇櫃：上面排列著他的顯微鏡，每一臺顯微鏡上都固定著一個觀察樣本。訪客會透過顯微鏡觀察**魚鱗、金砂、牡蠣內臟**，幸運的話，安東尼還會親自示範講解。

　　例如這一天，他拿起一把小摺刀，在自己手臂上刮幾下，然後把刮下來的皮膚屑放進試管中。訪客說，皮膚屑樣本看起來跟魚鱗很像。安東尼向大家解釋人類皮膚的外層是怎麼樣乾掉、剝落，又在底下長出新一層皮膚。

彼得大帝

其中一位重要的訪客是俄羅斯沙皇——彼得大帝。安東尼送給他一座親手做的顯微鏡當做禮物，還附了鰻魚尾巴的樣本。沙皇看到尾巴中的血液流動時，覺得驚奇又開心。

其他訪客也會帶各種稀奇古怪新樣本送給安東尼。有個船長把鯨魚眼睛泡在一罐白蘭地中，拿來送他，那是安東尼最喜歡的禮物。

訪客想看看這些小生物，但他們大都缺乏安東尼的經驗和耐心。許多訪客抱怨，他們用顯微鏡看沒多久，就開始頭痛。有的人甚至說，水裡根本沒東西可看。於是安東尼告訴訪客，他已將最好的顯微鏡鎖起來。

很多人不把他的研究當一回事，他可不想浪費時間教育他們。觀察隱祕世界需要絕佳的耐心，而大多數人連專心觀察幾分鐘都不願意。

安東尼每次觀察樣本，都是連續看好幾個小時，他也因此成為技巧純熟的科學家。有的樣本他會觀察好

幾個星期、好幾個月，甚至好幾年。他會用不同的顯微鏡，在不同的光線下，反覆觀察，然後鉅細靡遺的記錄他的發現。

稀奇古怪的樣本

比別人都先看到

雖然安東尼四十歲才開始用顯微鏡做研究，但此後五十年，他放大並研究了數百個不同的樣本，成為世上第一個如此詳細檢視這些樣本的人：

· 胃酸	· 黃楊木	· 魚鱗
· 赤楊木	· 腦	· 跳蚤
· 琥珀	· 白堊質	· 蒼蠅
· 螞蟻	· 粉筆	
· 白蠟木	· 胭脂蟲	
· 樹皮	· 可可	
· 豆子	· 咖啡	· 青蛙
· 山毛櫸木	· 玉米	· 蚋
· 蜜蜂	· 棉花	· 草
	· 水晶體	· 火藥
	（眼睛的透鏡）	· 毛髮
	· 烏木	
· 甲蟲	· 鰻魚	
· 血液	· 榆木	
	· 眼睛	· 心臟
	· 羽毛	· 蛇麻穀粒
	· 冷杉木	· 腎結石
· 骨骼		· 樹葉和植物的葉子

· 青檬樹木

· 蝗蟲

· 蝨子

· 蛆

· 磁鐵

· 微生物

· 牛奶

· 馬陸

· 蟎

· 黴菌

· 蛾

· 肌肉

· 貽貝

· 神經

· 蕁麻

· 荳蔻

· 橡樹葉子

· 橡木

· 牡蠣

· 紙

· 豌豆

· 泥炭

· 蘚

· 胡椒

· 長春花

· 汗

· 磷

· 牙菌斑

· 羽根

· 樹根和植物根

· 鹽

· 沙子

· 樹汁

· 蠍毒

· 水果

· 種子

· 蝦子

· 蠶

· 皮膚

· 蝸牛

· 蜘蛛

· 刺
（蠍子、蚋、蕁麻）

· 蝌蚪

· 牙齒

· 菸草

· 舌頭

· 醋

· 嘔吐物

· 象鼻蟲

· 鯨魚肉

· 大麥

· 柳樹種子

· 柳木

· 葡萄酒

· 毛料

· 酵母

安東尼的研究方法極其精確。他只用刮鬍刀就能把樣本切得像紙一樣薄。別的科學家觀察種子、植物和昆蟲的外觀，安東尼的觀察卻超越表象。他了解毛髮如何成長，肌肉如何收縮，眼睛如何對焦，骨骼和牙齒如何形成。他用針刺自己的手指頭，檢查血液樣本。他研究動脈、靜脈和微血管，了解血液如何在體內流動。他明白水裡、嘴裡和其他許多地方，都住著許多小生物。

　　安東尼耐心觀察，深入思考，審慎報告自己的發現。他將觀察到的事實和傳統觀念區分開來，因此贏得

其他科學家的敬佩，甚至獲得獎章。但安東尼淡泊名利，他寫道：「我做這麼多年的研究，是因為我渴求知識，而不是為了博取讚揚。我內心對知識的渴望遠遠超出大多數人。」

他持續寫信給皇家學會直到九十高齡。在他最後寫的幾封信中，有一封他提到自己胸部疼痛。醫生診斷他的心臟出了問題，但他確信醫生搞錯了！他感受到的疼痛是橫膈膜的疼痛，在肺部下方的位置。他在喘息和咳嗽時測量自己的脈搏，發現心跳速率沒變。安東尼針對牛羊的橫膈膜做了一番研究，並記錄道：流向橫膈膜的血流受阻，才是他的胸部出現奇怪抽搐的主因。他說對了，後來的醫生把這種症狀稱為「雷文霍克氏症」。

安東尼抱著病體，持續用顯微鏡作研究。有個聯合東印度公司的員工，想知道他們從蘇門答臘島帶回來的沙子樣本裡有沒有金子，也需要靠安東尼為他解答（東印度公司是航行到中國和印度進行貿易的一家荷蘭公司）。

即使到了生命尾聲，臥病在床，虛弱得無法握筆寫字，安東尼的頭腦依然清醒敏銳。他請朋友將他最後的觀察記錄下來。兩天後，1723年8月26日，安東尼離開人世。

在安東尼長達五十年的研究生涯中，他在顯微鏡下看到的多數景象，都是前所未見的。

更令人敬佩的是，他靠著自學達到這樣的成就。

安東尼的研究拓展了我們身心靈的視野，讓我們得以知曉隱祕世界的存在。

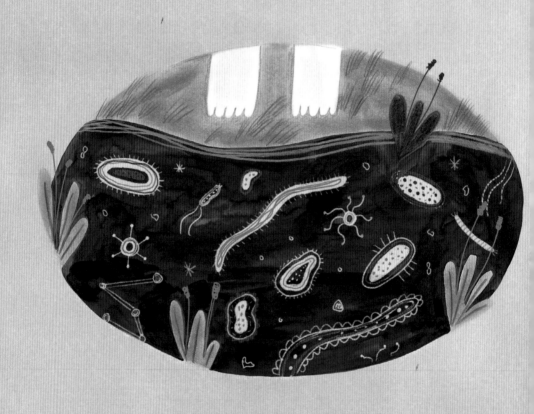

第十章
微生物學之父

安東尼的發現如此之多，也許讓人覺得顯微鏡充滿無窮可能。令人訝異的是，在顯微鏡的領域，安東尼並沒有碰到足以相提並論的科學家。

1692年，虎克在論及顯微鏡的命運時曾寫到，顯微鏡如今「幾乎只剩下一個擁護者，就是雷文霍克先生，除了他以外，我沒聽過任何人在使用這種儀器。」

在十七世紀末和十八世紀初，利用顯微鏡進行科學探索的人可能寥寥無幾，而安東尼正是這少數人之一。幾乎沒有人嘗試重複他的研究。即使有人對他的研究感興趣，也只關心他看到的小生物是從哪裡來的，似乎不好奇小生物對人類的影響是什麼。直到安東尼逝世百年後，科學家才重新燃起對顯微鏡的興趣，而他們的研究最終帶來有關疾病的重大發現。

安東尼生前每封信都寫得十分詳細，今天的科學家仍可透過他的信件，了解三百五十年前安東尼究竟看到什麼。

我們如今曉得所謂的「小生物」其實就是微生物，是在顯微鏡下才看得見的極其微小的生物。微生物總共有五種：細菌、真菌、藻類、原蟲和病毒，安東尼透過

顯微鏡看到其中四種，只有病毒因為太小（比細菌小五十倍），不管用最好的單式顯微鏡或複式顯微鏡，都無法看到。

微生物可說無所不在——土壤、海洋，甚至北極的冰雪中，都有微生物的蹤影。微生物活在人類和動物的表皮及身體裡面，大多數是有益的。微生物能幫助我們消化食物，把葡萄變美酒，把牛奶變優酪乳，讓麵包發酵膨脹，也能把腐朽的葉子變成肥沃的土壤，幫助植物成長。

有的微生物會害我們生病。安東尼研究過最小的微生物**大腸桿菌**其實就是細菌。但在觀察微生物的那麼多年裡，他並沒有把微生物和疾病聯想在一起，雖然兩者之間的關聯已經呼之欲出！

安東尼曾在一封信中，描述自己有一次吃了燻牛肉後覺得不舒服，還拉肚子。他用顯微鏡檢視自己的臉。

今天的科學家根據他信中所述，認為他看到一種叫「梨形鞭毛蟲」的原蟲，身上有梨形鞭毛蟲的人，大多是因為接觸受到汙染的食物和水。

大腸桿菌 和 梨形鞭毛蟲

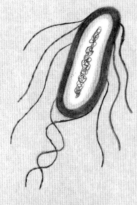
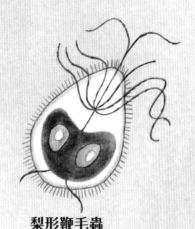

大腸桿菌　　　　　　　　梨形鞭毛蟲

多數的大腸桿菌對人體無害，只有少數如O157:H7型的大腸桿菌會引發疾病。這類大腸桿菌，會經由受汙染的食物（未洗淨的蔬菜或沒有煮熟的肉）或水（用受汙染的河水或湖水灌溉的田地）進入人體。它會在腸道中繁殖，阻礙細胞吸收水分，引發腹瀉或脫水，尤其可能對幼兒或老人帶來嚴重或致命的危險。

梨形鞭毛蟲，同樣是透過受汙染的食物和水進入人體，同樣可能引起腸道疾病，導致腹瀉、胃痙攣和嘔吐。

在安東尼的時代，大家還不太清楚個人衛生、
食物安全和乾淨的居家環境對健康的好處。

一旦了解細菌與疾病的關聯，大家就開始改變衛生習慣，包括勤洗手，防止汙水進入供水系統，避免接觸病人等。

安東尼也知道某些物質（例如醋或酒精）可以殺死他看到的小生物。他的胡椒水加了醋以後，裡面的微生物會死掉。有個男人從來不用水清潔牙齒，而是用葡萄酒或白蘭地漱口，結果安東尼刮一刮他的牙齒，也沒發現什麼微生物，因為微生物都被酒精殺死了。

他也注意到，這些微生物會受溫度影響。他喝下很熱的咖啡後，牙齒上就沒找到小生物，因為牠們無法在高溫下存活。

安東尼的時代，有數十萬人因為感染霍亂、瘧疾、或鼠疫而病死，都是因為微生物的散播而引發傳染病。但一百年以後才有科學家提出病菌論，說明許多疾病都是因為細菌侵襲人體並大量繁殖而引發。一旦確立了細菌和疾病的關聯，社會就可進行各種改革。大家開始更常洗澡和洗手，醫院和手術室會用消毒藥水來殺菌，並且把病人和健康的人隔離開來。食物和飲用水都會先消毒或煮沸，以殺死有害細菌，後來更有人發明抗生素。了解微生物如何運作，不但可減少疾病傳播，也能大大改善公共衛生。人們可以活得更久，也活得更好。

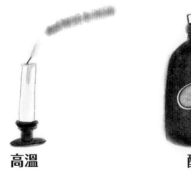

高溫　　　　　　醋　　　　　　酒精

鼠疫

在科學家看到微生物並了解微生物之前，人類社會曾爆發幾次快速散播的流行病，幾乎消滅整個城鎮的人口。其中最可怕的大爆發在十四世紀中葉，歐洲有近五千萬人因鼠疫（也有人稱之為黑死病）而喪命，佔當時近一半人口。鼠疫透過老鼠和跳蚤傳播，人們被染病的跳蚤叮咬時，就會受到感染，但當時的醫生並不知道這點。城市骯髒擁擠，到處都是老鼠和跳蚤。老鼠會跑到貨船上，把疾病傳染給船員，然後鼠疫就從一個國家傳到另一個國家。染病的人通常幾天內就會死亡。有的人躲在家裡，避免染疫。有的小鎮被放火夷平，只為了遏止疾病傳播。人們驚惶失措，懷疑世界末日來臨。

最嚴重的一波鼠疫發生在十四世紀，然而一直到十九世紀為止，世界各地仍不時爆發小規模的鼠疫。如今我們知道鼠疫是由一種叫「耶氏桿菌」的細菌所引起。現在，鼠疫患者已經極為少見，即使染上鼠疫，只要服用抗生素，也很快就會康復。

微生物和疾病的關係，晚了一百年才被發現，對此，安東尼有沒有一點點責任呢？由於安東尼一直對他的透鏡製作技術守口如瓶，也不肯透露應如何善用他設計的精密裝置，沒幾個人能看見或研究微生物。他也不願把顯微鏡賣給其他科學家使用。

　　安東尼過世後，他的女兒瑪麗亞把二十六臺銀色顯微鏡裝箱寄給英國皇家學會。多年後，瑪麗亞過世，其餘的顯微鏡也被拍賣給臺夫特市民。久而久之，安東尼留下來的顯微鏡逐漸破損或遺失，如今只剩下十二臺仍留在世上。

　　安東尼總是獨自工作，他從來不曾寫書，不像虎克寫了《微物圖誌》。他也不曾在大學教書或演講。被問到為何不訓練門生，將研究方法傳承下去時，他說：「我不覺得那樣做有什麼用。」事實上，安東尼似乎很滿意自己的祕密研究方式：「一千個人裡面，找不到一個人有能力做這樣的研究，因為需要投入很多時間……想要獲得任何成果，你必須不斷思考這些事情。大多數人沒有那麼強的好奇心和求知慾。有的人甚至毫不隱晦的說，我們懂不懂這些，又有什麼關係呢？」

　　另一方面，安東尼沒有受過正式教育，或許反而是他的優勢。沒有老師教他如何思考或是該相信什麼。也許正因為覺得格格不入，反而促使他更加努力，提出自己的新理論。每當觀察到新的現象時，他也不怕改變

自己的想法。「我只會再說一遍，我習慣堅持自己的想法，直到我發現新的線索，或直到我觀察到的現象讓我完全改變我的方向，我從來不以改變為恥。」

安東尼用顯微鏡做的研究，永遠改變了我們觀看周遭世界的方式。安東尼寫給皇家學會的信，為繼起的科學家奠定了堅實的基礎。

如今天我們已經知道，地球上大多數的生物都是人類憑肉眼看不見的，大家因此也尊稱安東尼・范・雷文霍克為「微生物學之父」。

安東尼的顯微鏡不是損壞就是不見了，如今只剩下十二臺仍存留於世上。

作者的話

　　安東尼在近四百年前來到世上。直到四十歲，他才開始研究顯微鏡。此後五十年，安東尼是第一個在顯微鏡下看到這麼多景象的人。雖然顯微鏡不是他發明的，他卻是最廣泛應用的。

　　終其一生，安東尼寫了兩百多封信給英國皇家學會。這些信件比較像朋友間的閒聊，而不是正式的資料報告。

　　在我最喜歡的一封信中，安東尼坐在壁爐邊，右手握著茶杯，一邊喝著熱茶，一邊把左手放進透明的玻璃罐中。爐火和熱茶的高溫讓他的手流汗，他把汗珠收集起來，在顯微鏡下觀察研究。他很喜歡把自己當成白老鼠做實驗！

　　安東尼對許多研究領域都充滿好奇，包括昆蟲學、植物學、動物學、組織學、血液學、微生物學。當今的科學家，通常只把研究重心放在單一領域。

即使曾獲得諸多獎項，也不時有名人造訪，安東尼仍然缺乏自信。1699年，他寫信給一位義大利學者，討論他用運河中的昆蟲做的實驗。這些昆蟲會產卵，並孵出許多小昆蟲，安東尼藉此反駁當時普遍流行的自然發生論。但在信的結尾他寫道：「尊貴的閣下，請恕我如此大膽的用這些毫無價值的言論，佔用您寶貴的時間，您原本大可把時間花在更重要的研究上，無須閱讀我寫的無聊東西。」

瑪麗亞

安東尼的許多信件雖然描述種種令人讚嘆的發現，卻都帶著這種惶惑不安的語氣。也許因為缺乏正式學校教育，他老是覺得格格不入。

安東尼結過兩次婚。他和第一任妻子芭芭拉生了五個孩子，其中四個不幸都在嬰兒時期夭折，只有女兒瑪麗亞存活。

沒有人付錢給安東尼做研究，他發表在科學期刊的文章也拿不到稿費，所以安東尼除了賣布之外，還兼做其他工作（也許他靠這些額外收入來購買製作顯微鏡的材料）。其中一項工作是在市政廳的法庭為檢察官和法官處理庶務，他也曾擔任土地測量員和驗酒員（負責測

量酒桶裡有多少酒，讓稅務人員去徵收酒稅）。這些工作都需要測量技巧與細膩的心思，但都不像他在顯微鏡下做的研究，帶給世界恆久的影響。

安東尼究竟是什麼時候開始打造顯微鏡的？歷史學家眾說紛紜。有的人說早在1659年，安東尼去倫敦前，就已經做出第一臺顯微鏡，並用隨身攜帶的顯微鏡檢視白堊崖的採樣。其他學者則認為，安東尼是在見到《微物圖誌》這本書之後，才對顯微鏡產生興趣。這樣才能解釋，為什麼安東尼記述的第一個實驗樣本，和《微物圖誌》中提過的樣本相同。

1673年，安東尼寄出第二封信給皇家學會，他在信中寫道，他的顯微鏡是「最近發明」的。

安東尼一生中打造了五百多臺顯微鏡。他通常用膠水或蠟把樣本固定在儀器上。他常為新的採樣打造新的顯微鏡，而不是用同一部顯微鏡來觀察不同的樣本。一部分原因是，他的顯微鏡是用銅或銀之類較軟的金屬製作的，久而久之，定位螺釘的螺紋會慢慢起變化，以至於很難保持對焦。不同的透鏡屈光度適合不同的樣本，因此安東尼會視情況來搭配。

可惜的是，由於新主人不懂如何使用安東尼的顯微鏡，這些儀器大半都已遺失、毀損，或被當垃圾丟棄。僅存的少數幾臺，可以在荷蘭、德國和比利時的博物館看到。

能不隨時間磨滅而永垂不朽的，或許只有安東尼的好奇心和對學習的熱情。「我曾經投入許許多多的時間，多到許多人都難以置信。」安東尼在提及他的觀察時曾寫道：「不過，對此我樂意之至。」

安東尼 · 范 · 雷文霍克年表

（紅字代表世界大事）

1632　安東尼 · 雷文霍克於10月24日誕生於荷蘭臺夫特市，父親名叫菲利浦 · 松尼斯，母親是馬格瑞特 · 雅可布斯。

1638　安東尼的父親過世，留下母親獨力撫養五個小孩。

1640　安東尼的母親和畫家雅各博 · 莫里恩結婚，雅各博在前一段婚姻中生下五個孩子。

1641　八歲的安東尼被送去離家十五英里遠的沃爾蒙寄宿學校就讀。

1644　笛卡兒的《哲學原理》在阿姆斯特丹出版，提出對自然界的科學思考方式。

1646　安東尼搬到本特赫伊曾市和當律師的叔叔一起住。

1648　十六歲時，安東尼在阿姆斯特丹當麻布商威廉 · 戴維森的學徒。

1654　安東尼和芭芭拉 · 德 · 梅吉結婚。

1655　安東尼在臺夫特買房子，開了自己的店，餘生都在這裡生活和工作。

1656　安東尼的女兒瑪麗亞出生。他的另外四個孩子都在嬰兒時期就夭折。

1660	為了增進對自然科學的認識，皇家學會在英國倫敦成立。
1664	安東尼兼任臺夫特市公務員，在法庭工作。
1665	黑死病爆發，阿姆斯特丹十分之一以上的人口病死。英格蘭、義大利、西班牙等許多地區也同樣受到波及。當時的醫生不知道病因為何，只能建議病人多休息和注意營養。
1665	虎克出版《微物圖誌》，他根據自己在顯微鏡下對一小片軟木塞的觀察，在書中提出「細胞」（cell）這個詞，因為細胞的箱型結構讓他想到僧侶住的小房間。
1665	臺夫特藝術家維梅爾完成畫作〈戴珍珠耳環的少女〉，梅維爾可能曾藉由特殊透鏡的協助畫出寫實的畫作。
1666	安東尼的妻子芭芭拉過世。

1668	安東尼到倫敦旅行，可能讀到《微物圖誌》。
1669	安東尼取得土地測量員執照，土地測量員負責測量和記錄待售土地的大小、形狀和地形。

1671　安東尼和柯內莉亞·史瓦繆斯結婚。

1673　安東尼第一次寫信給皇家學會祕書亨利·歐登伯格，詳細描述他觀察黴菌、蜜蜂和蝨子的發現。

1673　安東尼四十歲，看到科學期刊《自然科學會報》刊登他的第一封信。

1674　安東尼從自己的手取得血液樣本，並觀察血液中的紅血球。

1674　安東尼觀察水中的「小生物」，湖水取自臺夫特附近的柏克斯米爾湖。

1676　安東尼觀察細菌。

1676　安東尼寫了一封十七頁長的信給皇家學會，詳細描述他對不同水樣本中的微生物的觀察。

1677　八名臺夫特市民寫信給皇家學會，證明他們在安東尼的水樣本中看見活生生的小生物。

1677　虎克終於在這年十一月重現安東尼的發現，皇家學會的科學家親眼目睹微生物。

1679　安東尼被任命為驗酒員，負責檢驗臺夫特市進出口的酒。

1680　安東尼當選皇家學會會員，這份榮耀激勵他繼續研究探索。

1685　安東尼在自己的名字前面加上「范」，此後寫信時都署名「安東尼·范·雷文霍克」。

1694 安東尼的妻子柯內莉亞過世。

1698 彼得大帝拜訪安東尼，對他的顯微鏡印象深刻。

1723 安東尼死前要求將他最後兩封信（其中一封信詳細
      說明自己的病因）翻譯成拉丁文。

1723 安東尼於8月26日在臺夫特的家中過世，享年九十
      歲。

1723 安東尼的女兒瑪麗亞將二十六臺顯微鏡裝箱寄給皇
      家學會。

1747 瑪麗亞過世後，安東尼的珍奇櫃（裡面有531臺顯
      微鏡和透鏡）經由拍賣，被當地買家買走。

1847 德國透鏡製造商卡爾‧蔡斯開始銷售解析度更佳的
      複式顯微鏡。此時大家對光學原理已有更深了解，
      也解開了光源和色差的問題（影響樣本清晰度和顏
      色的畸變）。

1860 法國化學家路易‧巴斯德提出病菌論，認為細菌會
      引發疾病。他發明巴氏殺菌法，利用高溫來殺死葡
      萄酒、牛奶和啤酒中的有害細菌。

1867 英國外科醫生約瑟夫‧李斯特在手術室中秉持巴斯
      德的病菌論，使用消毒藥水來保護病患傷口不受感
      染，感染導致的死亡率開始下降。

1870　德國醫生羅伯·柯霍研究微生物與傳染病的關係，增進人類對炭疽病、霍亂和結核病的了解。

1931　第一臺電子顯微鏡問世，利用電子束（而非光線）來檢查最微小的東西，如病毒和分子。由於電子的波長比光波短，因此用電子顯微鏡能看到比透鏡顯微鏡小一千倍的東西。

1950　人類發現第一個超級細菌（具抗藥性、無法用抗生素殺死的細菌菌株）。超級細菌能適應意圖殺死他們的藥，並為了求生改變自身結構。

當今　電子顯微鏡能將物品放大兩百萬倍以上，放大倍率比安東尼最厲害的單鏡片顯微鏡高七千五百倍。

電子顯微鏡放大後的鹽和胡椒。

安東尼的珍奇櫃中有各種動植物標本。他用自己的瓷杯來儲存許多水樣本。

名詞解釋

藻類（algae）：單細胞或多細胞似植物的小生物，但沒有根莖葉，生長於水中或溼地。

抗生素（antibiotic）：能遏止微生物增長或摧毀微生物的藥物，用來治療疾病。

學徒（apprentice）：向技藝嫻熟的前輩學習手藝技術的後輩。學徒通常不支薪，雇主只提供免費吃住。

藥局（apothecary）：專門賣藥的商店。

細菌（bacteria）：在地球上無所不在的微小生物，從土壤到海洋，甚至極地的冰天雪地，都有細菌。細菌存在於人與動物的表皮與體內。有的細菌對人體有害，但大多數都是有益的。

珍奇櫃（cabinet of curiosities）：將許多珍奇物品分門別類收藏、擺設的櫃子，類似今日的博物館。

細胞（cell）：所有生物的基本單位。大多數細胞唯有在顯微鏡下才看得到。

凹（concave）：像碗一樣向內彎陷。凹透鏡會擴散光線，例如手電筒。

凸（convex）：像豆子般向外鼓起。凸透鏡會聚集光線，例如放大鏡。

布商（draper）：販售布料供人裁製衣服的商人。

流行病（epidemic）：傳染病在短時間內大量散播的現象，會使社區中許多人都受到感染。

真菌（fungus）：單細胞或多細胞的微小生物，藉由散播小小的孢子進行繁殖，如酵母菌、黴菌、蕈等。

病菌論（germ theory）：主張許多疾病都由人體中的微生物所引發的理論。

幼蟲（larva）：幼年階段的昆蟲，通常呈蠕蟲狀。

透鏡（lens）：透明的玻璃或塑膠鏡片，鏡面通常彎曲，能擴散或聚集光線，可能是凹透鏡或凸透鏡。

蝨子（louse）：一種寄生於人類、動物或鳥類皮膚上的蟲子。

放大鏡（magnifying glass）：也就是凸透鏡，能讓物體看起來比實際尺寸更大的透鏡。

商人（merchant）：藉由買賣商品來賺錢的人，可能是商店老闆或貿易商。

微生物（microbe）：用顯微鏡才看得到的微小生物。

《微物圖誌》（*Micrographia*）：虎克根據自己用不同透鏡觀察到的現象所繪製的書，1665年出版後，暢銷一時，激發許多人對顯微鏡的興趣。

顯微鏡（microscope）：一種儀器，透過透鏡，讓物體看起來比實際更大。**單式顯微鏡**只有一片透鏡。**複式顯微鏡**則包含了兩片以上的透鏡。

生物（organism）：活的動物、植物、或單細胞生命體。

牙菌斑（plaque）：因食物殘渣、唾液和細菌在牙齒上產生的黏稠白膜。

原蟲／原生動物（protozoan）：單細胞的微小生物，能四處移動覓食。

球形的（sperical）：形狀圓圓的，像個球。

自然發生論（spontaneous generation）：認為生物可從無生命的物質中自然誕生的一種理論。

紗織數（thread count）：每平方寸紡織品中經紗與緯紗的數量。紗織數愈高，則布料品質愈好。

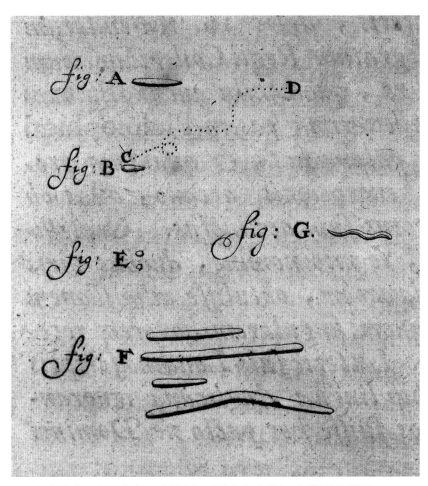

安東尼在1683年的一封信中，列出在人類口中發現的細菌。

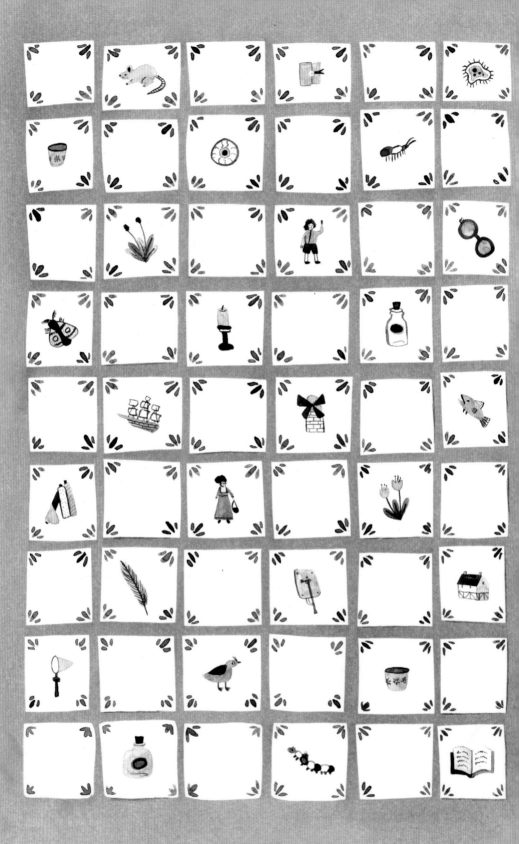